AF188622

Ramona Roßbach

Meine Welt voll Poesie

Neue Gedichte

Bibliographische Information der Deutschen Nationalbibliothek:
Die Deutsche Nationalbibliothek verzeichnet diese Publikation in der
Deutschen Nationalbibliographie; detaillierte bibliographische Daten
sind im Internet über http://dnb.dnb.de abrufbar.

© 2018 Ramona Roßbach
Herstellung und Verlag:
BoD – Books on Demand, Norderstedt

ISBN: 978-3-746-02494-3

Inhalt

1. Hier und überall

<u>Weit</u>

Mir ist der See ein ganzes Meer,
der Sonnentag ein Leben;
hol ich nur meine Träume her,
kann ich unendlich schweben!

<u>Der Garten</u>

Überbordend ist der Garten
von duftend-bunter Blütenpracht;
das Leben hat ein Fest entfacht
nach winterlangem Warten.

Hier gibt es Arbeit, viel zu tun,
mehr zu seh'n noch, zu erleben,
dieses freudig-kraftvoll' Streben,
das auch Zuflucht schenkt zum Ruh'n.

Aussaat, Müh, Vertrauen, Warten,
stets Vergeh'n und neues Werden:
Kosmos hier bei uns auf Erden,
erfüllte Welt im Garten.

Ich stehe am Fenster
und sehe hinaus
in den Samstagnachmittag,

während andere einkaufen gehen,
während wieder andere arbeiten
und noch andere sich ausruhen,
während manch einer sein Wochenende genießt
und manch anderer das erledigt,
was die ganze Woche über liegen geblieben ist,
während im Judentum der Sabbat gefeiert wird,
der das Alltägliche durchbricht,
mancher Christ sich auf den Sonntag einstimmen mag,
im Islam der Ruhetag schon wieder vergangen ist
und in ganz anderen Religionen und Regionen
Bräuche begangen werden,
die ich nicht kenne.

Ich stehe am Fenster
und nichts geschieht,

während irgendwo anders jemand ermordet wird
nach vergeblichem Kampf für mehr Gerechtigkeit,
während Männer und Frauen und Kinder fliehen
vor Hunger und Durst und Gewalt
oder nicht mehr fliehen können,
während Kriege entstehen und geführt werden
und anderswo sich ein Hoffnungsschimmer auftut
und einen Frieden in Aussicht stellt,
während die einen miteinander handeln
und die anderen verhandeln,
während sich Dramen abspielen
auf politischer Bühne
und im kleinen Familienkreise,
während jemand anders gerade sein größtes Glück
    findet.

Ich stehe am Fenster,
und alles scheint ruhig,

während woanders die Menschen aufgewühlt sind,
weil die Welt in Scherben liegt,
weil neue Träume erstehen und zerfallen und wieder
    erstehen,
weil jemand gerade jetzt seine Augen für immer
    schließt

und wieder anderswo neues Leben diese Welt erblickt,

während es Abend wird und gleichzeitig Morgen,

während es Ebbe gibt und gleichzeitig Flut,

während Winter ist und Sommer

und Hitze und Dürre und Regen und Schnee

und ein ganz normaler Tag

und ein ganz besonderer Tag,

der außergewöhnlichste im Leben von

   irgendjemandem,

während Galaxien vergehen

und neue geboren werden,

während ich einen einzigen Atemzug tue

und zum Fenster hinausschaue,

während alles, alles geschieht.

2. Von Stillstand und Aufbruch

sommerschwer

sommerschwer dämmert die stadt in trägem
mittagstraum
lässt glücklich hineinsinken den
der in der schläfrigen gewissheit lebt
dass morgen wohl auch noch ein tag ist
ebenso wie übermorgen
dass die welt heute nicht untergehen wird
weder die große ganze noch die eigene kleine
dass bei uns das meiste in ordnung ist
oder zumindest so scheint
vor behaglicher kulisse
jedenfalls raum lässt zum leben
während woanders auf diesem planeten
man von der wohligen trägheit nur träumen
ja kaum sie erahnen kann
doch wer will daran schon denken
in unbeschwert flirrender mittagsglut
die jeden gedanken lähmt
und ihn im sanften windhauch zerstäuben lässt

wer will schon denken an dort und an morgen

wenn doch jetzt hier ist und heute

und jenseits von raum und zeit

und wer wird schon fragen was wir denken

und ob wir denken

wenn uns doch die trägheit übermannt hat

wie eine naturgewalt

die eine pause einbrennt in den alltag

wer will denn nicht dabei sein

wenn wir jetzt nichts tun

und einfach nur sind

und genießen

und einen ganzen mittag lang

einfach alles vergessen

in verschwommener ehrfurcht

dankbar für das

zerbrechliche geschenk

der sommertauben

trägheit

Wolkenbruch

Der Regen zog über das Land,
verfinsterte den Himmel,
schob urplötzlich die Alltagsidylle beiseite
und brach über die Welt herein.

Er drängte die Menschen nach drinnen,
nach innen in ihre Stille,
und goss laut tosend
draußen die dürstenden Pflanzen.

Er tränkte die Welt
und ertränkte manch hängen gebliebenen bleiernen
 Gedanken,
löschte manch zu hoch geflogenen feurigen Traum.

Und als er weiter zog,
ließ er zurück eine klare Luft,
offen für neues Wachsen.

Weihnachtsbeleuchtung

Hell funkeln der Weihnachtsbeleuchtungen Sterne,
und ich muss gestehen: Ich seh sie recht gerne,
wie anheimelnd sie in ein warmes Licht tauchen
die Stadt und all das, was wir kaufen, nicht brauchen.
Und doch sind sie anders als richtige Sterne:
Sie leuchten nur uns und nicht in die Ferne!

Möglichkeit

Einen Rucksack voller Ideen
hab ich zu Haus bei mir stehen.
Ich könnt mich bequemen,
könnt ihn einfach nehmen
und mit ihm losgehen,
ins Weite hinaus.

3. Unterwegs

Am Horizont

Fernes, mächtiges Gebilde
aus Wolken- oder Felsenblau!
Ist es luftiges Gefilde
oder Land, auf das ich schau?

Schwimmt der Horizont in Weiten,
die ich kaum erahnen kann,
will mein Blick sich dorthin weiten,
wo neue Welten fangen an.

Ich kann nicht alles überschauen,
bekomm so vieles gar nicht mit
und darf doch an der Zukunft bauen,
dem unbekannten Weg vertrauen
mit jedem noch so kleinen Schritt.

Verinnerlicht

Lasst uns schöne Bilder pflücken,
auch Düfte und Musik dazu!
Es schadet keinem, kann beglücken,
wenn später wir in aller Ruh
den Augenblick nochmal durchleben,
ihn in unsre Träume weben,
mit dem Moment auf Du und Du.

Lob des Weges

Oft ist der Weg zugleich ein Ziel,
denn unterwegs lernt man recht viel.
So wenig hätt' ich wahrgenommen,
wär' ohne Weg ich angekommen!

Mündig

Es geht die Welt schnell ihren Lauf
und viele laufen mit.
Dabei hält sie so bald nichts auf,
sie geh'n mit raschem Schritt.

Doch ist es auch der Menschen Lauf,
den viele machen mit?
Was nehmen sie dafür in Kauf
bei jedem Schritt und Tritt?

Halt dich vielleicht doch kurz mal auf,
find deinen eignen Tritt!
Und ist es wirklich auch dein Lauf,
dann lauf ruhig weiter mit.

Doch fällst du lieber aus der Zeit
und läufst nur manchmal mit,
bewahr diese Lebendigkeit
bei jedem künft'gen Schritt!

Versehen

So vieles hatte ich bedacht,

den Fehler trotzdem dann gemacht.

Es erschien mir unbestreitbar,

dass bestimmt er war vermeidbar.

Doch vielleicht war er's auch nicht,

begrenzt ist schließlich meine Sicht.

Wenn ich lern aus dem Versehen,

kann es noch recht gut ausgehen:

Meine Wege geh ich weiter

klüger, reifer, ja, auch heiter!

Mir selbst zum Geburtstag

Ich grüß dich, hübsches Angesicht,
das aus dem Spiegel zu mir spricht!
Geschmückt bist mit manch weißem Haar,
das spiegelt deine Lebensjahr'.
Bist noch so jung, gereift zugleich,
wirst weiter an Erfahrung reich.
Hast schon gelernt, lernst noch dazu,
im Werden stets und doch in Ruh.
Blickst freudig zu mir voller Glück
und ebenso blick ich zurück.
Lass weiter uns gemeinsam geh'n,
neugierig dem entgegenseh'n,
was wir noch alles werden sein!
Gegrüßt seist du, du Antlitz mein!

Schritte

Auf dem Weg in meine Mitte
lass die Welt ich hinter mir,
andächtig sind meine Schritte,
führ'n zur Ruhe, führ'n zu mir.

In der Mitte angekommen,
geh ich bald den nächsten Schritt,
hab Erfahrung nun gewonnen,
nehm auf meinen Weg sie mit.

Auf dem Weg aus meiner Mitte
öffne ich mich dieser Welt,
geh mit leichtem, frohem Schritte
dem entgegen, was jetzt zählt.

4. Innehalten

Ausweg

Den Blick voll Arbeit, durcheinander,
von hier nach dort ich unruhig wander,
weiß kaum woher, weiß nicht wohin,
seh keinen Ausweg, keinen Sinn,
in mir selbst verfangen bin.

Eine Pause wär vorzüglich,
höchst notwendig und vergnüglich!

So lass ich einfach alles liegen
und meine Gedanken fliegen,
bis wieder klar ist jeder Sinn,
ich weiß wozu und weiß wohin,
zu Neuem fähig schließlich bin.

Die Tasse

Es schläft eine Pause dort in meiner Tasse.

Was wird wohl gescheh'n, wenn heraus ich sie lasse?

Ich blick meinen Tee an, riech schon seinen Duft;

Erholung und Weite durchziehen die Luft.

So schmeck ich die Pause dort in meiner Tasse,

bevor ich, gestärkt dann, sie wieder loslasse.

Selbstfindung

Nimm Urlaub dir vom Pause-Machen,

vom Viel-Erleben, Fröhlich-Lachen

und lass einen Moment lang zu,

dass gar nichts da ist, nur noch Ruh

und vielleicht – vielleicht auch DU!

Bahnmeditation

Der Alltagshast entglitten,
schon fern von Bahnhofsblicken
sitz ich und seh Natur.

Da laufen die Landschaften in mich hinein,
im Wandel beständig, voll Ruhe und Sein:

Sanft und belebend der Hügel Grün,
kraftvoll die Berge, mächtig und kühn,
die Ebene leise in Gleichförmigkeit,
darüber der Himmel in Freiheit, so weit,
die Bäume als Farben mit Form und Gestalt,
voll innerer Stärke, lebendig der Wald.

All das läuft mit Leichtigkeit in mich hinein,
erfüllt mich mit Ruhe, durchflutet mein Sein,

entflieht nach der Zugfahrt, doch lässt mich zurück
mit Weite im Herzen und Augen voll Glück.

5. So oder anders betrachtet

Bühne

Die Welt ist uns oft eine Bühne,
auf der wir unterschiedlich handeln,
als Zögernde und auch als Kühne,
ganz je nachdem, wo wir grad wandeln.

Deshalb lasst uns nie vergessen,
dass viele Seiten haben wir.
Halt ich dich heut für vermessen,
ist dies womöglich auch in mir.

Lasst uns mal die Rollen tauschen
für einen kurzen Augenblick
und den andern Seelen lauschen!
Vielleicht bringt's Frieden uns und Glück.

Schlaf

Im Schlafe lieg ich ruhig und still,
derweil im Traum ich laufen will
und lauf dort Kontinente weit
in körperlicher Ruhezeit.

So frag ich mich: Wenn wach ich bin
und laufe her und laufe hin,
ist dieses vielleicht auch ein Traum,
erahn, was wirklich ist, ich kaum?

Auf jeden Fall kann ich's nicht seh'n
und kann doch meiner Wege geh'n,
so gut, wie ich's grad eben kann.
Damit fang ich dann wohl gleich an!

Antwort

Es kommt drauf an, wie man's interpretiert,
es kommt drauf an, was dich interessiert.
Oft gibt es mehr als nur *die* eine Sicht,
es kommt drauf an, was du glaubst und was nicht.

Novembergrau

Novembertag, ganz grau in grau,
wie müd bin ich, wenn raus ich schau:
Ich blick verlor'n mit dumpfem Sinn
durch tristen Nebel vor mich hin.

Novembertag, ganz grau in grau,
wie wohl ist mir, wenn raus ich schau:
Ich spüre, jetzt ist wieder Zeit
für Tee und für Gemütlichkeit!

6. Neu entdeckt

<u>Le trou bleu</u>

Le ciel est gris,
la ville aussi.
D'un triste gris
semble la vie.
Et à la fois,
il y a
dans tout ce gris
un trou bleu
et peu à peu
je m'aperçois
qu'on ne voit pas
tout ce qu'il y a
de merveilleux.

Das blaue Loch

Der Himmel ist grau,
die Stadt auch.
Von einem tristen Grau
scheint das Leben zu sein.
Und zugleich
ist da
in dem ganzen Grau
ein blaues Loch
und Schritt für Schritt
bemerke ich,
dass man nicht alles sieht,
was es gibt
an Wunderbarem.

Es fragte

„Warst du schon auf dem französischen Markt?"
fragte es in der Fußgängerzone
in einem Gespräch zweier Bekannter,
die einander kannten, nicht aber mich.

Laut fragte es die Worte,
die für eine Andere bestimmt waren,
bestimmt aber auch für mich.

„Nein", antwortete es in mir
und ich wandte mich um,
ging zum französischen Markt
und kaufte Lavendel und Oliven.

Sonnenstrahl

Manchmal kann ein Sonnenstrahl
den ganzen Tag durchdringen,
ins Alltagsgrau mit einem Mal
viel Licht und Freude bringen.

Und manchmal kann ein kurzer Blick
den andern Menschen geben,
was sie grad brauchen für ihr Glück,
zu diesem kann erheben.

Mond-Schein

Halbrund hängt in dunkler Nacht
laternengleich der Mond,
hat mit seinem Schein bedacht
die Welt ganz wie gewohnt.

Wenn diese sich auch ändern mag,
die Zeiten schneller geh'n,
der Mond grüßt wie am ersten Tag
und scheint dort still zu steh'n.

Der Ginkgo

Erhab'ner Baum, voll Kraft und weise
stehst jeden Tag an meinem Weg;
ist alles laut, bist du doch leise
und trägst in dir, was dich erhebt.
Voll Ruhe himmelwärts du zeigst,
blickst auf unsre Welt – und schweigst.

Wind

Laut rauscht der Wind
in hohen Baumes Ästen.
Ich will dorthin,
zu himmlischen Festen,
die mir noch verborgen und nah zugleich sind.

Zum Baum will ich gehen,
mich nähern und sehen,
erleben, aufgehen
im tosenden Wind!

Ich fang an zu gehen
zum windigen Wehen
und bleib schließlich stehen,
ganz nah bei dem Baum,

hör nun den Wind kaum.
Und doch wird er wehen.
Wohin ich so will,
dort darf ich jetzt stehen
- und werde ganz still.

7. Angekommen

Arrivée

À bout de forces
j'ai cru ne plus arriver.

Pourtant je suis ici,

au milieu de cette île calme

du paradis intérieur,

portée par des ailes fortes

arrivées à mon secours

pour me guider vers l'abri.

Angekommen / Ankunft

Am Ende meiner Kräfte

habe ich geglaubt, nicht mehr anzukommen.

Dennoch bin ich hier,

in der Mitte dieser ruhigen Insel

des inneren Paradieses,

getragen von starken Flügeln,

mir zu Hilfe gekommen,

um mich zu leiten zum Ort der Zuflucht.

Von der Reise mitgenommen

Ich trage einen Urlaubsort
voll Sonnenlicht in mir;
was ich mir wünsch, das gibt es dort,
und „dort" bedeutet „hier".

Erlebt hab ich den Sehnsuchtsort
in unsrer Wirklichkeit
und ließ ihn seitdem nicht mehr fort,
trag seine Leichtigkeit.

So kann den wunderbaren Ort
ich auch besuchen hier;
was ich nun brauch, das gibt es dort
und gibt es auch in mir.

Applaus nach dem Konzert

Wir applaudieren den Musikern
    für ihre Darbietung
und den schönen Instrumenten
    für ihren großartigen Klang
    und ihre zeitlos faszinierende Ästhetik
und den Instrumentenbauern
    dafür, dass sie sie geformt
    und bis ins Detail ausgearbeitet haben.

Wir applaudieren denen,
    die die Rohstoffe dafür bearbeitet haben,
und denen, die einst die Idee hatten,
    jene Rohstoffe in der für sie geeigneten Weise
    zu behandeln,
und den Materialien selbst,
    ohne die die Instrumente
    nie entstanden wären.

Wir applaudieren den heute Unbekannten,
    die diese Instrumente einst erfunden haben,
    in einer ganz ursprünglichen Form,
und denen,
    die darauf zu spielen lernten in einer Zeit,
    lange bevor die heute gehörte Musik
    komponiert wurde,
und denen,
    die wohl auch dank dieses Spiels
    sie später weiterentwickelt haben.

Wir applaudieren dem Komponisten,
der diese wunderbare Musik ersonnen
und aus seinem Innern
nach außen gekehrt hat,
und den Menschen,
die schon an seine Kunst geglaubt haben,
als noch nicht alle seine Kompositionen
in unsere Welt geflossen waren,
und den Menschen und Ereignissen,
die den Komponisten
in seinem Dasein unterstützt
und ihn womöglich zu mancher Inspiration
veranlasst haben.

Wir applaudieren all jenen,
die die Musiker dazu ermutigt haben,
sich dem großen Geheimnis hinzugeben,
das sich da in den Klängen offenbart,
all jenen,
die sie auf ihrem Weg bis hierhin
im Guten begleitet haben
und noch immer begleiten,
all jenen,
die ihnen die Technik und Ausdauer
und Motivation beigebracht haben,
dank derer sie nun diesen Saal
in etwas ganz Besonderes verwandeln konnten.

Wir applaudieren der Musik,
    die hier alles erfüllt hat
    und grenzenlos fließt,
und dem großen Ganzen,
    an dem sie uns teilhaben lässt,
    ehrfürchtig, jenseits der Worte.

Und vielleicht applaudieren wir
auch ein bisschen uns selbst,
    dafür, dass wir gekommen sind
    um zuzuhören,
    dafür, dass wir geblieben sind
    um zu genießen,
    und dafür, dass wir nun
    so schön applaudieren.

Reigen

Viele Gedichte wohnen bei mir,
andere sind zu Hause bei dir.
Wenn wir sie erkennen,
mit Worten benennen,
tanzen sie um uns und sind auch hier.

Im Jahr, als die Gedichte kamen

Im Jahr, als die Gedichte kamen,
ward ich erfüllt von ihrem Sinn.
In ihre Mitte sie mich nahmen,
in der ich spür, wie sehr ich bin.

Im Jahr, als die Gedichte kamen,
ward ich beseelt von ihrem Klang.
In ihren Reigen sie mich nahmen,
der in mir schwingt mein Leben lang.

8. Weiterschweifen

Da liegen so viele Gedichte

Da liegen so viele Gedichte
mit je ihrer eignen Geschichte.
Ich kann sie nicht alle ergreifen,
sie müssten doch in mir noch reifen.
Aber es bleibt mir zu hoffen,
dass andere ebenso offen
wie ich heut den Alltag durchstreifen,
Gedichte in ihnen auch reifen.

Bahnhofsuhr

Die Bahnhofsuhr, sie misst die Zeit,
dahinter ferne Wolken zieh'n.
Mein Blick erhebt sich und wird weit;
was eben noch so wichtig schien,
entschwebt zur Ewigkeit.

Zerrissen

Persönlich's Glück und Weltenschmerz,
wie geht das nur zusammen?
Wo Glück erfüllt mein ganzes Herz,
steht doch die Welt in Flammen.

Wie schön wär's, wenn ein kleines Glück
ganz großes könnte werden,
durchdränge jeden Augenblick,
den Frieden brächt' auf Erden!

Sinfonie

In mir wohnt eine Melodie
und hebt nun an zu singen,
den Alltag zu durchdringen,
und wächst und wächst zur Sinfonie.

Wie wünsch ich mir, dass gleich den Tönen
an seinem Platz ein jeder schwingt,
im Lebensrhythmus froh erklingt,
dass alle Menschen sich versöhnen!

Als Teil der großen Sinfonie
ein jeder könnte klingen!
Ja, würde das gelingen,
so wär die Welt voll Harmonie
und wollte ewig singen.

Danksagung

Ähnlich wie in dem Gedicht "Applaus nach dem Konzert" beschrieben, sind auch die in diesem Büchlein vereinten Gedichte vielen verschiedenen Menschen und Begebenheiten zu verdanken. Ich kann nicht alle aufzählen, schon allein deshalb, weil vermutlich auch mir selbst längst nicht alle glücklichen Einflüsse bewusst sind, die zum Entstehen der Gedichte beigetragen haben.

Ganz allgemein möchte ich hier jedoch allen danken, die auf sehr unterschiedliche Weise an dieser Sammlung beteiligt waren, beispielsweise indem sie mir zu schon vorher bestehenden Gedichten eine positive Rückmeldung gegeben und so das Entstehen neuer Gedichte unterstützt haben oder indem sie unabhängig davon mein Leben um gute Gedanken und Einstellungen bereichert haben.

Selbstverständlich gilt ein großer Dank auch allen, die die vorangegangenen Seiten gelesen haben, noch lesen werden oder es ermöglichen, dass jemand anders sie lesen kann.

Schlussbemerkung

Da nach meinen Informationen die vorliegenden Gedichte bisher von niemand anderem veröffentlicht wurden, verstehe ich mich nach bestem Wissen und Gewissen als deren Autorin, allerdings mit dem Hinweis auf die in der Danksagung erwähnte Tatsache, dass stets wesentlich mehr Personen, Ereignisse und möglicherweise noch anderes am Werden eines Gedichtes beteiligt sind als allein die Autorin.

Von derselben Autorin

Ramona Roßbach:

Mein Alltag ist voll Poesie. Gedichte

BoD – Books on Demand, Norderstedt 2017

Eine Pause am Nachmittag weitet sich aus zu einem
erholsamen Urlaub, Straßenmusik durchdringt das
Universum und ein Spaziergang durch den Park
verbindet mit der ganzen Welt.
Von diesen und anderen besonderen Momenten erzählen
über vierzig Gedichte, mal nachdenklich, mal humorvoll
den Blick für das alltägliche Glück öffnend.